문해력을 키우는
초등
관용구

문해력을 키우는
초등
관용구

초판 1쇄 발행 2022년 6월 29일
초판 3쇄 발행 2024년 12월 10일

지은이 정가영

발행인 장상진
발행처 (주)경향비피
등록번호 제2012-000228호
등록일자 2012년 7월 2일

주소 서울시 영등포구 양평동 2가 37-1번지 동아프라임밸리 507-508호
전화 1644-5613 | **팩스** 02) 304-5613

ⓒ정가영

ISBN 978-89-6952-511-6 73710

· 값은 표지에 있습니다.
· 파본은 구입하신 서점에서 바꿔드립니다.

어린이 제품 안전 특별법에 의한 표시
제품명 도서 **제조자명** 경향BP **제조국** 대한민국 **전화번호** 1644-5613
주소 서울시 영등포구 양평동 2가 37-1번지 동아프라임밸리 507-508호
제조년월일 2022년 6월 29일 **사용연령** 8세 이상
※ KC마크는 이 제품이 공통안전기준에 적합하였음을 의미합니다.

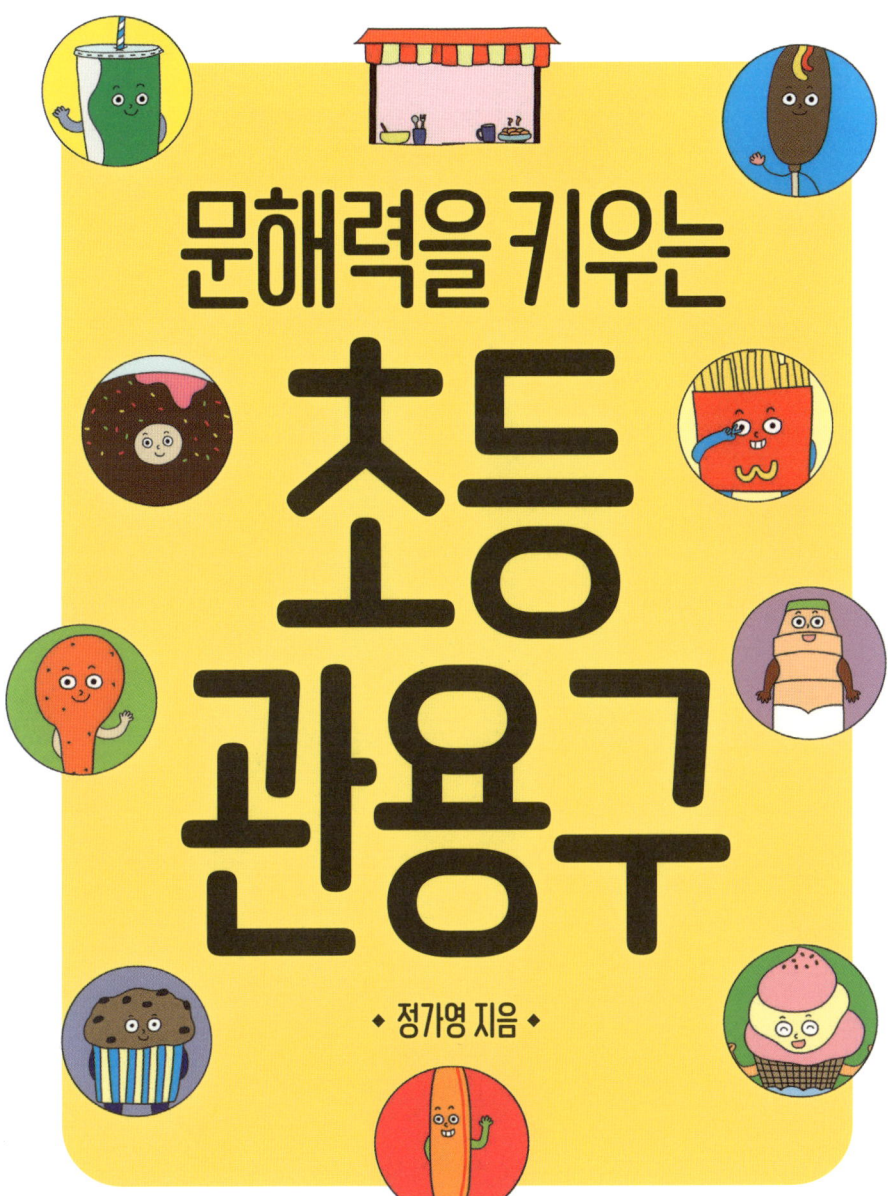

문해력을 키우는 초등 관용구

◆ 정가영 지음 ◆

경향BP

머리말

"아이고 배야!"
여러분은 이 말을 듣고 어떤 상황이 떠오르나요?
배가 너무 아파서 엉엉 울고 있는 사람도 떠오르지만 심술이 가득한 놀부의 얼굴도 생각납니다.
같은 표현인데 어째서 2가지 상황으로 해석이 되는 것일까요? 바로 '아이고 배야!'와 같은 표현이 관용구이기 때문입니다.

관용구란 '두 개 이상의 단어로 이루어져 있으면서 그 단어들의 의미만으로는 전체의 의미를 알 수 없는, 특수한 의미를 나타내는 어구'(국립국어원)를 말합니다.

쉽게 말하면 관용구란 오랜 시간 동안 사람들이 사용해 온, 서로 아무런 연관이 없는 듯하지만 사람들 사이에서 익숙하게 사용되는 말이에요.

관용구는 같은 언어를 사용하는 사람들끼리의 약속과 같은 것이에요. 그렇기 때문에 우리는 관용구를 이해함으로써 국어 활동에 원활하게 참여할 수 있어요. 더불어 관용구를 사용함으로써 다양한 표현을 할 수 있고, 그만큼 풍부한 국어 생활을 할 수 있어요.

『문해력을 키우는 초등 관용구』는 우리 주변에서 있을 법한 이야기를 통해 다양한 표현을 익히고 활용할 수 있도록 구성했어요. 특히 쉬운 글과 그림으로 표현하여 비슷한 상황에서 관용구를 바로 사용할 수 있어요.

처음에는 관용구가 낯설고 이상하게 느껴질 수 있어요. 하지만 개성 강하고 귀여운 간식 친구들과 함께 공부한다면 여러분도 자유롭게 관용구를 사용할 줄 아는 멋진 국어인이 될 거예요.

정가영

차례

머리말 4
간식 친구들을 소개합니다! 10

가

가슴에 손을 얹다 12
간에 기별도 안 가다 14
간(이) 떨어지다 16
간이 작다 18
걸음을 떼다 20
고삐가 풀리다 22
구미가 당기다 24
국물도 없다 26
귀가 가렵다 28
귀(가) 빠지다 30
귀가 얇다 32
귓등으로 듣다 34
깨가 쏟아지다 36
꽁무니를 빼다 38

나

날개(가) 돋치다 40
납작코를 만들다 42
눈 깜짝할 사이 44
눈 딱 감다 46
눈만 뜨면 48
눈앞이 캄캄하다 50
눈에 나다 52
눈에 넣어도 아프지 않다 54
눈에 밟히다 56
눈에 불을 켜다 58
눈에 선하다 60
눈에 차다 62
눈을 끌다 64
눈을 돌리다 66
눈을 붙이다 68
눈을 씻고 찾아보다 70
눈을 의심하다 72
눈코 뜰 사이 없다 74
눈코 사이 76
눈 하나 깜짝 안 하다 78

되지도 않는 소리 80
두 손 두 발 (다) 들다 82
뒤통수(를) 맞다 84
등골이 서늘하다 86
등을 돌리다 88

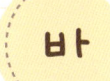

발 벗고 나서다 108
발(을) 끊다 110
발(이) 넓다 112
발이 떨어지지 않다 114
발이 묶이다 116
밤낮을 가리지 않다 118
배(가) 아프다 120
배꼽(이) 빠지다 122
벼락치기하다 124
보나 마나 126
보는 눈이 있다 128
보란 듯이 130
빼도 박도 못하다 132

머리가 굳다 90
머리(를) 굴리다 92
머리(를) 맞대다 94
머리(를) 식히다 96
모르면 몰라도 98
목에 힘을 주다 100
목이 빠지게 기다리다 102
몸 둘 바를 모르다 104
무릎(을) 꿇다 106

애간장을 태우다 152
어깨를 나란히 하다 154
얼굴을 내밀다 156
얼굴이 반쪽이 되다 158
엉덩이를 붙이다 160
엎친 데 덮치다 162
오금이 저리다 164
오지랖(이) 넓다 166
이를 악물다 168
입에 거미줄 치다 170
입에 달고 다니다 172
입에 발리다 174
입을 막다 176
입을 맞추다 178
입의 혀 같다 180
입이 달다 182
입이 무겁다 184

성을 갈다 134
손발(이) 맞다 136
손에 땀을 쥐다 138
손을 거치다 140
손이 맵다 142
손이 빠르다 144
숟가락을 얹다 146
숨 쉴 사이(틈) 없다 148
시치미(를) 떼다 150

진땀(을) 빼다 186

칼자루를 쥐다 188
코가 꿰이다 190
코가 높다 192
코끝이 찡하다 194
코웃음(을) 치다 196
콧대를 꺾다 198

팔을 걷어붙이다 200

하

하늘에 맡기다 202
하늘이 노랗다 204
한숨(을) 돌리다 206
혀를 내두르다 208
호박씨(를) 까다 210

간식 친구들을 소개합니다!

입에 거미줄 친 타미

손이 빠른 도나

배꼽 빠지게 웃기는 치치

손이 매운 해미

눈코 뜰 사이 없이 바쁜 머피

오지랖이 넓은 토토

고삐가 풀린 요요

호박씨 까는 코니

보는 눈이 있는 소미

가슴에 손을 얹다

흥!

타미야, 대체 왜 화가 난 거야?

진짜 잘못한 것이 없는지
가슴에 손을 얹고 생각해 봐!

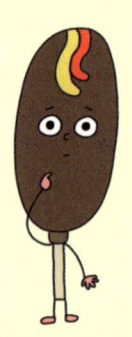

아무리 생각해도
모르겠는데….

2시 50분이잖아.
약속보다 10분이나
일찍 왔는걸.

정말 모르겠어?
시계 좀 봐.

무슨 말이야? 우리 1시에
만나기로 했잖아!!!

내가 착각했네.
2시간이나 여기서
기다린 거야? 미안해.

가슴에 손을 얹다 :
양심에 근거를 두다.

간에 기별도 안 가다

아, 배고파!

나도 너무 배가 고파.
오늘 한 끼도 못 먹었어.

먹다 남은 과자가 있는데
이거라도 나눠 먹자.

정말 고마워.

냠냠

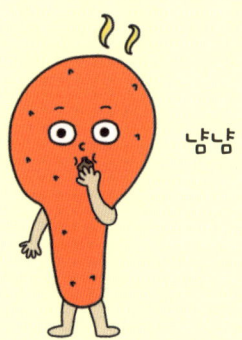
냠냠

과자가 너무 적어서
간에 기별도 안 간다.

맞아. 나도 아직
배가 고파.

간에 기별도 안 가다 :
먹은 것이 너무 적어 먹은 것 같지 않다.

간(이) 떨어지다

간(이) 떨어지다 :
갑자기 깜짝 놀라다.

간이 작다

소미야, 무슨 일이야?

조마조마

발표를 해야 하는데
내가 **간이 작아서** 말이야.

그런 거라면 걱정 마.
대범한 내가 도와줄게.

앞을 보고, 가슴을 펴고, 당당하게 하면 돼!

근데 내가 진짜
잘할 수 있을까?

물론이지.
넌 잘할 수 있을 거야!

간이 작다 : 겁이 많고 소심하다.

걸음을 떼다

너 요즘 악기 배운다며?

응. 배운 지 2주 정도 됐어.

네가 연주하는 것 들어 보고 싶다.

이제 막 걸음을 뗀 수준이야.

걸음을 떼다 :
준비하던 일을 처음으로 하기 시작하다.

고삐가 풀리다

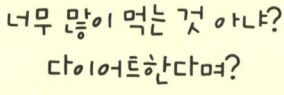

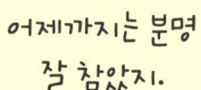

그런데 오늘 갑자기
고삐가 풀려 버렸어.
도저히 참을 수가 없어!

그러게 운동으로 건강하게
살을 빼라고 했잖아.

원래 다이어트는
내일부터 하는 거야!

맙소사!

고삐가 풀리다 : 통제를 받지 않다.

구미가 당기다

토토야, 이번 주말에
인형극 보러 오지 않을래?

인형극?

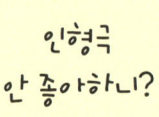

인형극
안 좋아하니?

인형극은 지루한
것 같거든.

구미가 당기다 :
욕심이나 관심이 생기다.

국물도 없다

국물도 없다 : 이득이 아무것도 없다.

귀가 가렵다

귀가 가렵네.
누가 내 얘길 하나?

얘들아, 안녕?

소곤소곤

속닥속닥

귀가 가렵다 :
남이 제 말을 하는 느낌이 들다.

귀(가) 빠지다

귀 빠진 날 축하해!!!

귀? 귀가 빠지다니?
누가? 누가???

소미 너 말이야.

나? 내 귀가?

너 오늘 생일이잖아. 귀가 빠진다는 말은 태어난다는 뜻이야.

그런 뜻이었어?

자! 어서 촛불을 끄렴.

내 귀가 빠진 날을 축하해 주서 고마워.

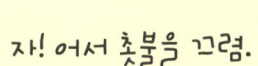 

귀(가) 빠지다 : 태어나다.

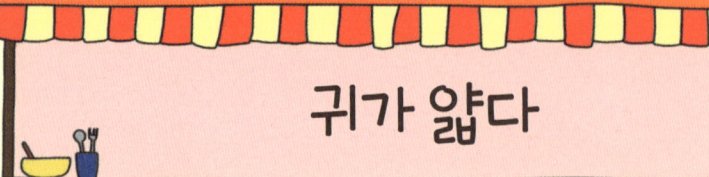

귀가 얇다

초록으로 칠할까?

초록? 좋지.

초록보다는 노랑이
좋지 않아?

노랑? 좋지.

> **귀가 얇다 :**
> 남의 말을 쉽게 받아들이다.

귓등으로 듣다

도시락으로 주먹밥
가져가면 되겠지?

응…. 그래.

간편하게 먹기엔
김밥이 더 나으려나?

응…. 그래.

귓등으로 듣다 :
들고도 들은 체 만 체하다.

깨가 쏟아지다

어? 저기에
친구들이 있네.

정말이야?

하하하하

무슨 얘길 하는데
저렇게 재미있을까?

깔깔깔

얘들아, 둘이서 **깨가 쏟아지는구나!**

해미 왔구나?

온 줄도 몰랐네!

심리 테스트를 했는데 전부 같게 나왔거든.

우린 서로 마음이 정말 잘 통하는 것 같아!

깨가 쏟아지는 게 보기 좋아서 질투가 나는걸.

깨가 쏟아지다 :
두 사람이 오붓하거나 재미가 나다.

꽁무니를 빼다

꽁무니를 빼다 :
슬그머니 피하여 물러나다.

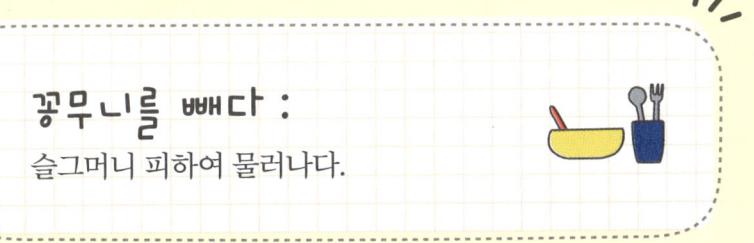

날개(가) 돋치다

이거 사려면 지금 빨리 가야 할 거야.

왜?

인기가 많아서 **날개 돋친** 듯 팔리고 있거든.

그렇다면 얼른 다녀올게.

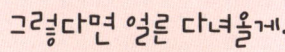

날개(가) 돋치다 :
인기가 있어 빨리 팔려 나가다.

납작코를 만들다

요요는 쉬지 않고 줄넘기를
100개나 할 수 있대.

와, 대단하다.

요요가 달리기도
1등을 했지 뭐야.

요요가 운동을 참
잘하는구나.

납작코를 만들다 :
다른 사람을 망신 주거나 기를 죽이다.

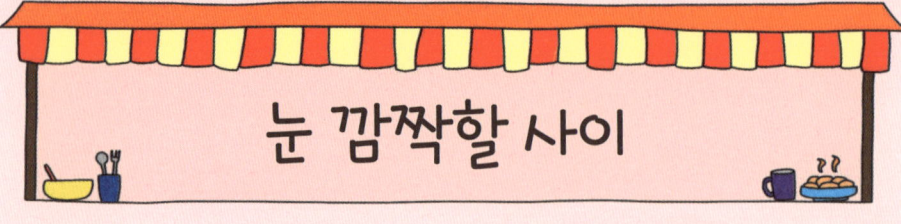

눈 깜짝할 사이

눈 깜짝할 사이 : 매우 짧은 순간

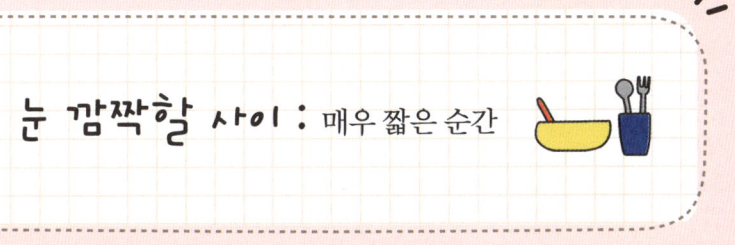

눈 딱 감다

어, 너 또 5분 늦었어.

쉿! 한 번만 봐 줘.

이번 주만 벌써
세 번째잖아.

알람이 안 울려서 그랬어.

오늘도 늦은 걸 알면
도나가 무지 화낼 거야.

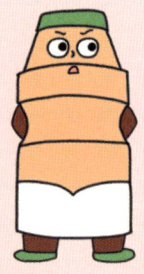

한 번만 봐 줘.

이번 한 번만 눈 딱 감아 주면
다음부터는 내가 정말 잘할게.

정말이지?

눈 딱 감다 :
다른 사람의 잘못을 보고도 못 본 척하다.

눈만 뜨면

오늘 하루만
쉬면 안 될까?

안 돼. 얼른 나와.

얘들아, 어디 가?

우리 운동하러 갈 거야.

요요는 운동하려는 것처럼 안 보이는데?

소미가 요즘 눈만 뜨면 운동 가자고 졸라대서 너무 피곤해.

같이 하기로 해 놓고 네가 자꾸 안 하려고 하니까 그렇지.

매일 운동하는 건 정말 너무 힘들어.

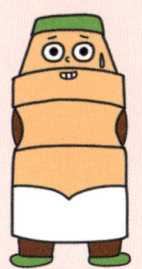

눈만 뜨면 : 깨어 있는 동안 항상

눈앞이 캄캄하다

치치야, 괜찮아?
안 다쳤어?

꽈당!

할머니께서 달걀이 필요하다고
하셨는데, 다 깨져 버렸네.

얼른 정리하자.
내가 도와줄게.

떨어진 것 마저 닦고 있으면
내가 달걀을 다시 사 올게.
조금만 기다려.

응, 고마워.

자, 여기 새 달걀이야.
어서 할머니께 갖다드리자.

눈앞이 캄캄했는데
네가 있어서 정말 다행이야.

눈앞이 캄캄하다 :
어찌할 바를 모르다.

눈에 나다

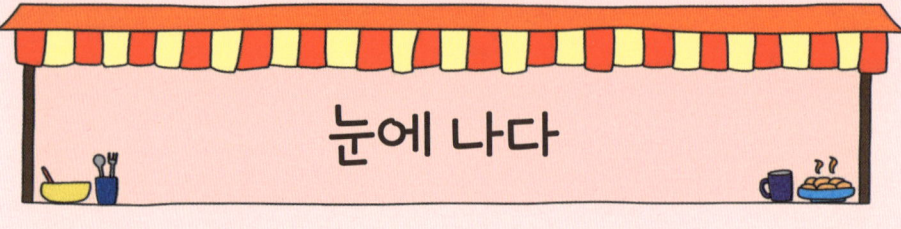

요요야, 무슨 일 있어?

아무래도 지난 번 일 때문에 내가 토토 눈에 난 것 같아.

무슨 일이 있었는데?

장난으로 토토에게 통통이라고 별명을 만들어 불렀거든.

 토토가 웃으면서 그만하라고 하기에 장난하는 줄 알고 계속했거든.

그랬더니 나한테 화가 많이 난 것 같아.

한두 번은 장난일지 몰라도 계속 놀리는 것은 괴롭힘이야.

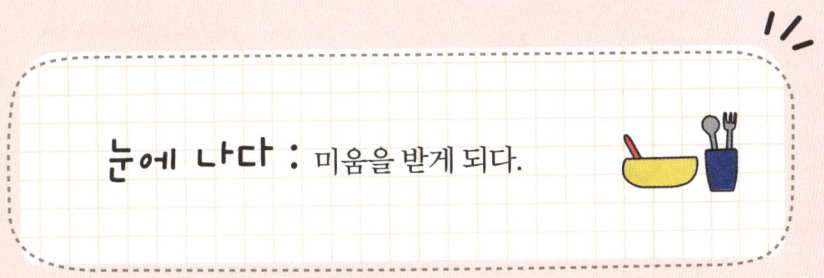

눈에 나다 : 미움을 받게 되다.

눈에 넣어도 아프지 않다

응. 애교도
얼마나 많은지 몰라.

진짜 귀여워.

정말 눈에 넣어도
아프지 않을 정도야.

그럴 만하네.

눈에 넣어도 아프지 않다 :
매우 귀엽거나 사랑스럽다.

눈에 밟히다

아무래도 안 되겠어.
나 잠깐 다녀올게.

어디 가는데?

아기고양이가 추위에 떠는
것이 자꾸 눈에 밟혀서 말야.

어머, 그래?
같이 가 보자!

아직 여기에 있네.

주인이 올 때까지 데리고 있을까?

야옹아! 야옹아!

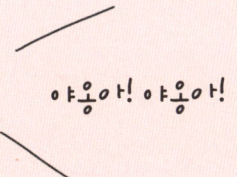

아기고양이의 주인인가 봐.

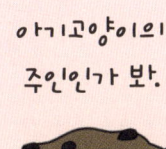

주인이 나타나서 다행이야!

눈에 밟히다 :
잊히지 않고 눈에 떠오르다.

눈에 불을 켜다

안 쓰는 물건 팔 거라더니 왜 빈손으로 왔어?

사람들이 벌써 다 가져갔어.

엄청 많았는데 그걸 다 팔았다고?

판 건 아니고….

처음엔 중고 거래를 하려고
내놨는데 아무도 안 사는 거야.

그냥 주겠다고 하니 사람들이
눈에 불을 켜고 달려와서
남김없이 다 가져갔어.

뭐라고? 그걸 전부
무료로 나눠 줬어?

눈에 불을 켜다 :
욕심을 내거나 관심을 기울이다.

눈에 선하다

왜 이렇게
안절부절못하고 있어?

내 동생이 우는 모습이
눈에 선해서….

동생을 왜 울렸는데?

동생이 내 공책에
낙서를 해서 혼냈거든.

그때는 화가 났는데
동생이 우는 모습이
자꾸 생각나네.

그럼 얼른 가서
동생이 괜찮은지 보고 와.

그래야겠다.
먼저 가 볼게.

눈에 선하다 :
잊히지 않고 기억에 생생하다.

눈에 차다

케이크는?

초코랑 딸기에 캐릭터가 있는 케이크가 없어서 못 샀어.

설마 정말 빈손으로 왔다고?

여러 군데 가 봤는데 **눈에 차는** 것이 없었어.

아무리 그래도 생일인데
케이크는 있어야지!!

그런가?

초코나 딸기 아니어도 되고
캐릭터도 없어도 되니까
빨리 가서 아무거나 사 가지고 와!!

알겠어. 알겠다고!!

눈에 차다 : 아주 마음에 들다.

눈을 끌다

옷 정리하는 거야?

응. 안 입는 옷을 중고 시장에 내놓으려고 해.

중고 시장에서 물건 많이 팔아 봤어?

응. 좀 해 봤지.

어떻게 하면 잘 팔리는데?

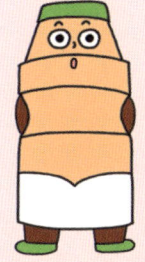

사람들의 눈을 끌 만한 물건 소개가 중요해.

폭탄세일! 한정판!

정말 끌린다. 나도 사고 싶어져.

눈을 끌다 :
호기심을 일으켜 보게 하다.

눈을 돌리다

문 앞에다 쓰레기를 버리는 사람들을 어떻게 할지 생각해 봤어?

아이디어가 떠오르질 않아.

쓰레기는 지저분하잖아?

그렇지.

그럼 잠시 **눈을 돌려서**
깨끗하고 예쁜 것을 떠올려 보자.

음… 꽃?

꽃 좋다! 문 앞에다
꽃을 심으면 어떨까?

좋은 생각이야. 사람들이
꽃 주변에 쓰레기를
버리진 않겠지.

눈을 돌리다 :
관심을 다른 곳으로 바꾸다.

눈을 붙이다

흐아아아암~

타미야, 졸려?

응. 어제 밀린 숙제를 하느라 잠을 잘 못 잤어.

눈을 좀 붙이면 어때?

눈을 붙이다 : 잠을 자다.

눈을 씻고 찾아보다

눈을 씻고 찾아봐도 없어.

정말 이상하다.

앗!!! 저거 리모컨 아냐?

으악! 리모컨이 여기에 있었네.

눈을 씻고 찾아보다 :
몹시 애타게 찾다.

눈을 의심하다

이 케이크 정말
소미가 만든 거야?

그렇대.

케이크를 처음 만드는 건데
이렇게 잘했다는 게 말이 돼?

응. 진짜
멋지지?

말도 안 돼.

진짜야. 소미가 케이크를 직접 들고 나오는데 나도 내 눈을 의심했어.

그런 것 같지?

소미는 요리에 엄청난 소질이 있나 봐.

눈을 의심하다 :
믿지 않고 이상하게 생각하다.

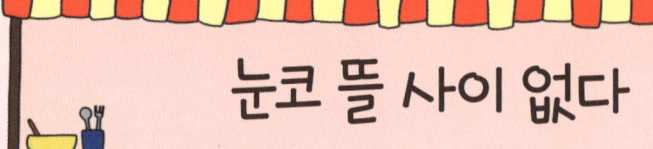

눈코 뜰 사이 없다

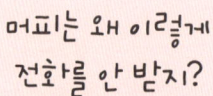
머피는 왜 이렇게 전화를 안 받지?

아마 요즘 **눈코 뜰 사이 없이** 바쁠 거야.

왜?

다음 주에 공연하는 연극 연습을 하는데

토끼 역할을 하는 치치가 다리를 다치는 바람에 머피가 1인 2역을 하게 되었대.

혼자서 2명 몫을 해야 하다니 정말 눈코 뜰 새 없이 바쁘겠구나.

맞아, 맞아.

눈코 뜰 사이 없다 : 몹시 바쁘다.

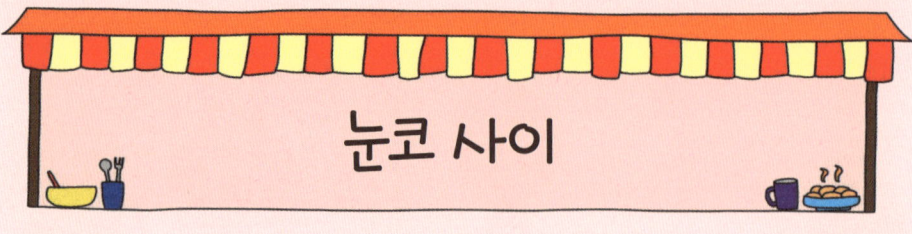

눈코 사이

도서관은 어떻게 가면 돼?

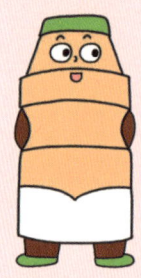 

길 건너에 바로 있어.

어딘데?

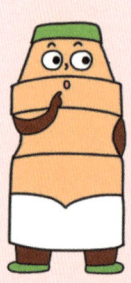 

바로 저 앞 말이야.

그러지 말고 네가
데려다 주면 안 돼?

도서관까지 눈코 사이인데
거길 데려다 달라고?

내가 못 찾을 수도 있잖아.

그럴 일은 절대로 없을걸.

눈코 사이 : 가까운 거리

눈 하나 깜짝 안 하다

숨바꼭질 하는데 토토가 오면
나 못 봤다고 말해 줄래?

알겠어!

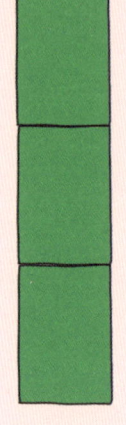

해미가 좀 전에
이쪽으로 오지 않았니?

아니, 안 왔는데?

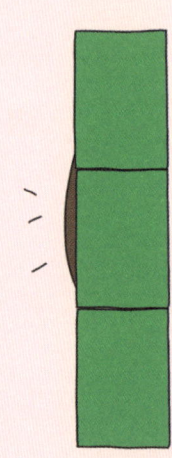

눈 하나 깜짝 안 하다 :
아무렇지도 않은 듯이 굴다.

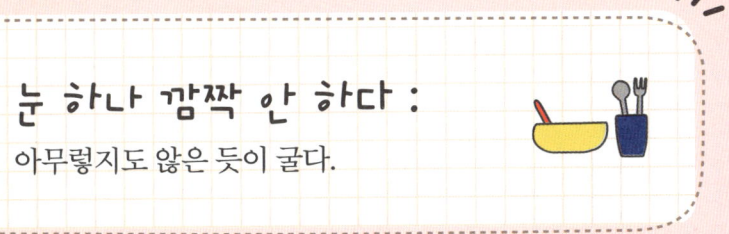

되지도 않는 소리

뭘 그렇게 많이
들고 가는 거니?

소미가 먹는 방송 영상을
찍을 건데, 이걸 다 먹을 거래!

혼자서 먹기엔
너무 많지 않아?

요즘은 많이 먹는
방송이 인기잖아.

되지도 않는 소리 마.
어떻게 그걸 다 먹니?

아냐. 저번에 내가 봤는데
소미라면 할 수 있을 것 같아.

그게 정말이야?
나도 가 볼래.

얼른 따라와!

되지도 않는 소리 :
전혀 가능성이 없는 의견

두 손 두 발 (다) 들다

올 여름은 너무 덥지?

정말 더워서 난
두 손 두 발 다 들었어.

맞아. 더워서 밤에
잠을 못 잘 정도야.

두 손 두 발 (다) 들다 :
자기 능력에서 벗어나다.

뒤통수(를) 맞다

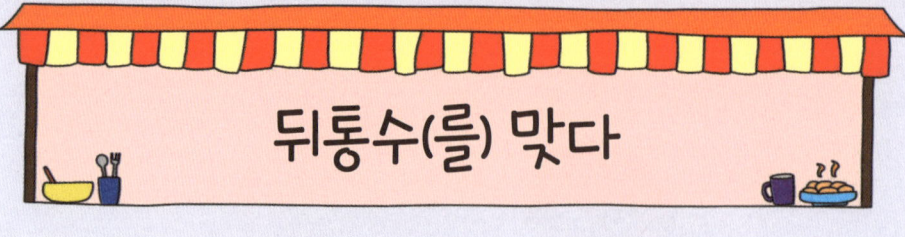

소미야,
왜 울고 있어?

친했던 친구한테
뒤통수를 맞았대.

배신감이
정말 크겠다.

뒤통수(를) 맞다 :
다른 사람에게 예상치 못한 공격을 받다.

등골이 서늘하다

쿵쿵쿵

무슨 소리 들린 것 같지 않아?

너도 들었어?

등골이 서늘하다 : 두려워서 떨리다.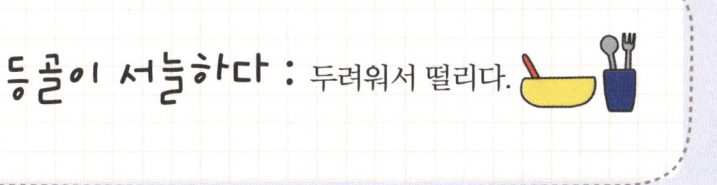

등을 돌리다

치치가 결국 나한테서
등을 돌린 것 같아.

왜?

치치가 비밀로 해 달라고 한
이야기를 요요한테 말해 버렸거든.

비밀인데 너한테만
말해 주는 거야.

그 사실을 치치가
알아 버렸지 뭐야.

비밀은 지켰어야지.

얼른 가서 사과하고 다시는
안 그러겠다고 약속해 봐.

치치가 사과를
받아 줄까?

등을 돌리다 : 관계를 끊다.

머리가 굳다

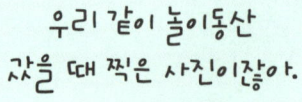

정말 기억 안 나?

머리가 굳었나 봐. 진짜 아무 생각도 안 나는걸.

음…, 토토 너랑 간 게 아니었나? 미안해. 내 기억이 틀렸나 봐. 나야말로 머리가 굳은 것 같아.

머리가 굳다 : 기억력이 없다.

머리(를) 굴리다

몰래 준비해서 해미를
놀래 주면 좋겠어.

어떻게 놀래 주면 좋을까?

우리 같이 머리를 굴려 보자.

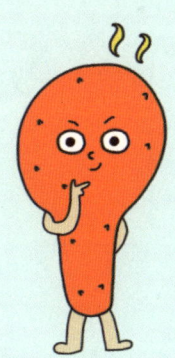

머리(를) 굴리다 :
해결 방안을 생각해 내다.

머리(를) 맞대다

둘이서 머리를 맞대고 뭐 하는 거야?

열심열심

수학 문제를 풀고 있었어.

너무 어려워.

머리(를) 맞대다 :
어떤 일을 결정하기 위해 함께하다.

머리(를) 식히다

지금은 좀 흥분한 것 같으니
머리를 식힐 겸 잠깐 나갔다 올까?

응…?
너 좀 이상한데….

미안해. 실은 내가 그랬어.
사과하려고 했는데….

정말 너무해!!!

머리(를) 식히다 :
긴장을 풀고 마음을 편하게 하다.

모르면 몰라도

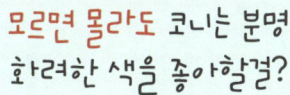

모르면 몰라도 :
반드시 그렇다고 할 수는 없지만 대부분

목에 힘을 주다

난 게임을 잘 못하나 봐.

오늘 또 진 거야?

응. 어제도 지고, 오늘도 졌어.
난 게임에 소질이 없는 것 같지?

힘을 내.

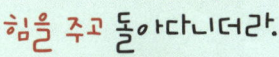

목이 빠지게 기다리다

휴, 언제 오려나?

왜 그렇게 한숨을 쉬는 거야?

택배를 기다리고 있거든.

무슨 택배?

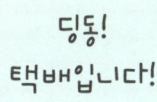

목이 빠지게 기다리다 :
몹시 애타게 기다리다.

몸 둘 바를 모르다

우리가 처음 만났을 때는 수줍어서
몸 둘 바를 몰랐잖아.

네가 좋으니까 그렇지.

응. 지금은 이렇게
나한테 장난도 치잖아.

몸 둘 바를 모르다 :
어떻게 할 줄을 모르다.

무릎(을) 꿇다

치치야, 어디 가?

등산 가려고….

너, 산에 가는 것
싫다고 했잖아.

피곤해서 안 가고
싶었는데….

어제부터 도나가 계속 같이
가자고 조르는 바람에
결국 **무릎을 꿇고** 말았지.

그랬구나.

이렇게 만났으니
너도 같이 가자!

어? 나… 나는… 그게…
좀 피곤한데….

무릎(을) 꿇다 :
항복하거나 굴복하다.

발 벗고 나서다

발 벗고 나서다 :
적극적으로 나서다.

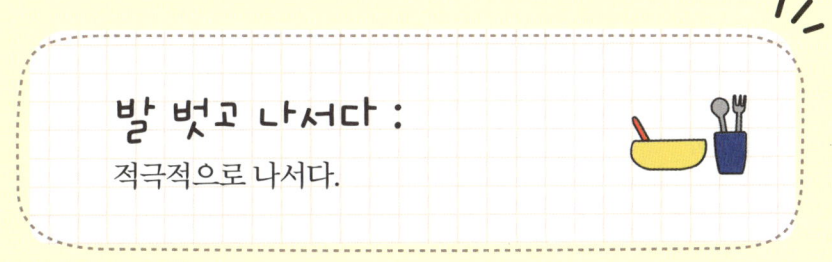

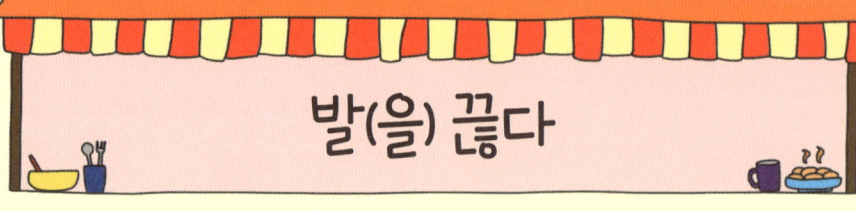

발(을) 끊다

요즘 토토가 통 보이질 않네.

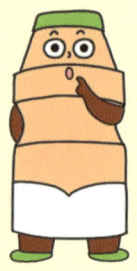

우리 집에 **발을 끊은** 지 며칠 됐어.

하루도 거르지 않고 놀러 오던 애가
며칠을 안 왔다고?

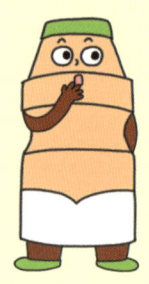

응.

무슨 일 있는 건가?

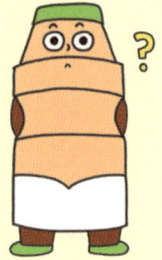

실은 내가 실수를 좀 했어.

사과는 했어?

민망해서 못했어.
얼른 사과해야겠지?

발(을) 끊다 :
오가지 않거나 관계를 끊다.

발(이) 넓다

꽃을 심어야 하는데
어떡하지?

나도 식물을 가꾸는 건
처음이라서 잘 모르겠어

도나에게 물어보면 어떨까?
도나가 워낙 **발이 넓잖아.**

맞다!

꽃을 심는 것은 소미가 도와줄 수 있을 거야.

꽃에 물을 주는 것은 토토가 도와줄 수 있을 거야.

와, 넌 어쩜 이렇게 발이 넓은 거니?

내가 평소에 친구들에게 좀 잘하잖아.

발(이) 넓다 :
아는 사람이 많아 활동하는 범위가 넓다.

발이 떨어지지 않다

왜 이렇게 늦었어?

새 한 마리 때문에
발이 떨어지지 않아서
늦었어.

새?

응. 날아가지도 못하고
떨고 있었거든.

발이 떨어지지 않다 :
걱정되어 선뜻 떠날 수가 없다.

발이 묶이다

배도 끊기고, 다리까지 무너져서
섬에 **발이 묶이고** 말았대.

앗!

언제 돌아올 수 있는 거야?

글쎄. 그건 나도
잘 모르겠어.

발이 묶이다 :
움직이지 못하는 상황에 처하다.

밤낮을 가리지 않다

소미야, 너 피곤해 보인다.

요즘 **밤낮을 가리지 않고** 공부하는 중이거든.

왜 그렇게 열심히 공부해?

며칠 후에 퀴즈 대회 결승이 있어.

밤낮을 가리지 않다 :
쉬지 않고 계속하다.

배(가) 아프다

왜 그렇게 잔뜩 심술이 났어?

행운권을 뽑았는데 하나도 당첨이 안 됐어.

머피는 당첨됐대.

맞아.

한 장도 아니고
두 장이나 당첨이래.

너 친구가 잘되는 것 보고
배가 아파서 심술부린 거구나?

꼭 그런 것은 아니지만
부러워서 그랬어.

배(가) 아프다 :
남이 잘되어 심술이 나다.

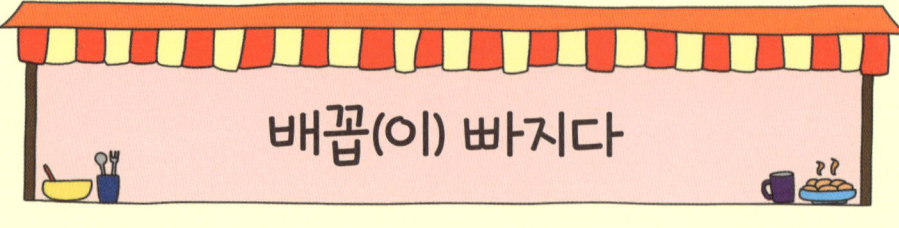

배꼽(이) 빠지다

난 커서 요리사가 되고 싶어.
넌 꿈이 뭐야?

난 개그맨이 되는 게
꿈이야.

정말? 개그맨은
웃겨야 하잖아.

잘할 자신 있어!

내가 연습한 것 한번 보여 줄까?

좋아!

배꼽 빠질 준비하시고…. 시작합니다!!

짝짝짝짝

배꼽(이) 빠지다 : 몹시 우습다.

벼락치기하다

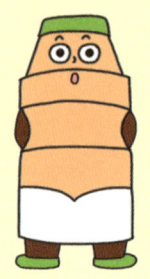
시험은 잘 봤어?

아니. 망친 것 같아. 넌?

나도 그렇지 뭐.

난 매일 놀다가 어제 벼락치기했거든.

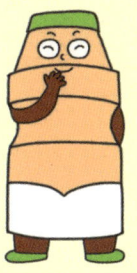

벼락치기하다 :
날짜가 다 되어 급하게 서둘러 일을 하다.

보나 마나

급하다 급해.

갑자기 왜 그렇게 서두르는 거야?

캠핑을 가기로 했는데 준비물을 다 챙겼는지 걱정이 돼서 말이야.

요요가 준비하고 있던데?

텐트랑 침낭이랑 간식이랑
챙길 게 정말 많거든.

걱정 마. 요요라면 **보나 마나**
완벽하게 준비할 거야.

맞아. 요요가 꼼꼼하니까
잘 준비해 주겠지?

우리도 얼른 가서
나머지 준비를 도와주자.

보나 마나 :
보지 않아도 내용을 훤히 알 수 있는 경우

보는 눈이 있다

이 모자 어때?

음. 지금 네 목도리 색에는
이 모자가 더 잘 어울릴 것 같아.

정말 그러네. 역시 너는
보는 눈이 있어.

고마워.

치치야, 너 오늘 멋져 보여!
뭐가 바뀐 거지?

그냥 모자를 바꿔 쓴 것뿐이야.

소미가 모자를 골라 줬거든.

역시! 소미가 **보는 눈이 있더라.**

보는 눈이 있다 :
평가하는 능력이 있다.

보란 듯이

치치야, 왜 울고 있어?

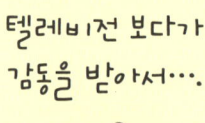

텔레비전 보다가
감동을 받아서….

눈물을 흘릴 정도야?

어릴 때 가족과 헤어져서
힘들게 살다가 **보란 듯이**
성공한 이야기야.

대단하다.

나도 나중에 꼭 봐야겠어.

너도 감동받을 거야.

보란 듯이 :
남이 부러워하도록 자랑스럽고 떳떳하다.

빼도 박도 못하다

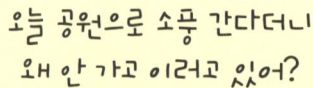

요요가 딱 오늘 도와 달라고 해서
빼도 박도 못하게 됐지 뭐야.

그럴구나.

약속을 한 거라서
어쩔 수 없겠네.

소풍은 다음에
같이 가자.

빼도 박도 못하다 :
몹시 난처하게 되어 그대로 할 수도,
그만둘 수도 없다.

성을 갈다

너 설마 또 학원에 안 간 거야?

어, 그게….

그러지 않기로 지난번에 약속하지 않았어?

어젠 정말 어쩔 수 없었어.

성을 갈다 :
어떤 일을 다시는 하지 않겠다고 맹세하다.

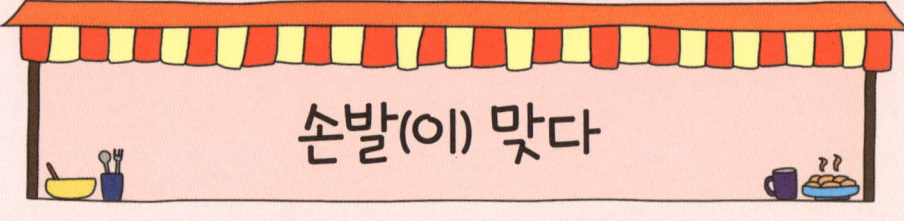

손발(이) 맞다

치치야, 더워 보여.
수건으로 땀 좀 닦아.

고마워.

앗!

쉿!

손발(이) 맞다 :
함께 일을 하는 데에 마음이나 행동이 서로 잘 맞다.

손에 땀을 쥐다

어제 축구 경기 봤어?

응. 우리 편이 이겼잖아!

맞아. 명승부였지.

손에 땀을 쥐면서 봤어.

상대 팀이 한 골 넣었을 때 지는 줄 알았어.

맞아. 어떻게 끝나기 전에 한 골을 더 넣을 수가 있었는지 모르겠어.

우리가 이겨서 더 재미있었지?

응. 다음 경기는 같이 모여서 보자.

손에 땀을 쥐다 :
아슬아슬하여 마음이 조마조마하다.

손을 거치다

새 가방도 샀어?

도나가 줬어.

도나의 손을 거치지 않은 것이 하나도 없네.

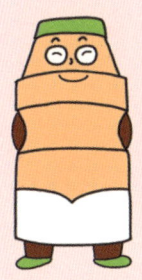

맞아. 맞아.

손을 거치다 :
어떤 사람의 노력으로 손질되다.

손이 맵다

우유가 넘어지는 걸 두 글자로 뭐라고 하게?

뭐지? 뭐지?

'아야'가 되지.

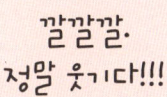

깔깔깔.
정말 웃기다!!!

아야야!!!

너 정말 **손이 맵구나.**

미안해. 너무 재밌어서
나도 모르게 그만….

손이 맵다 : 슬쩍 때려도 몹시 아프다.

손이 빠르다

선물 포장하는 것 같이 하자.

벌써 다했는데?

뭐? 벌써?

어제 몇 개 했고, 좀 전에 다했어.

손이 빠르다 : 일 처리가 빠르다.

숟가락을 얹다

숟가락을 얹다 :
거의 다 된 일에 조금의 노력을 더하다.

숨 쉴 사이(틈) 없다

바쁘다, 바빠!

???

??

헥헥헥

왜 그렇게 **숨 쉴 틈도 없이** 움직이는 거야?

친구들을 집에 초대했거든.

친구들이 언제 오는데?

10분밖에 안 남았어!!

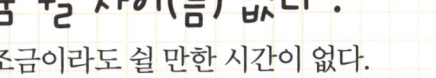

숨 쉴 사이(틈) 없다 :
조금이라도 쉴 만한 시간이 없다.

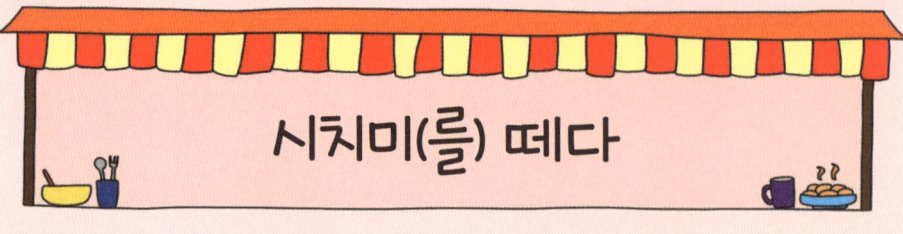

시치미(를) 떼다

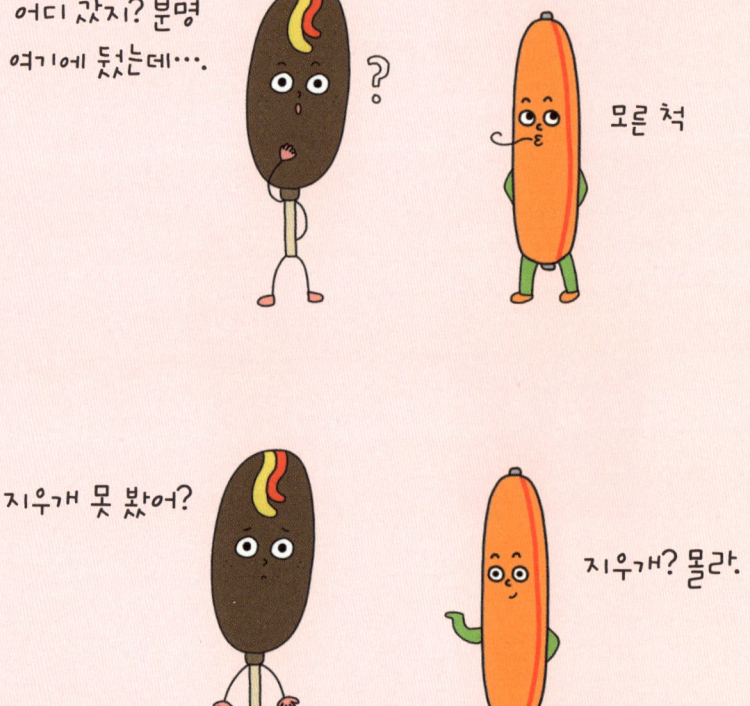

이상하네.   깔깔깔. 사실 여기에 있지!

이렇게 감쪽같이 시치미를 떼다니!!!   장난이었어.

시치미(를) 떼다 :
하고도 하지 않은 체하거나
알고 있으면서도 모르는 체하다.

애간장을 태우다

다치지는 않았어?

응. 그런데 엄마한테 혼날까 봐 걱정돼서 그래.

그래도 솔직히 말하는 게 좋지 않을까?

그래야겠지.

애간장을 태우다 :
몹시 초조하여 걱정이 되다.

어깨를 나란히 하다

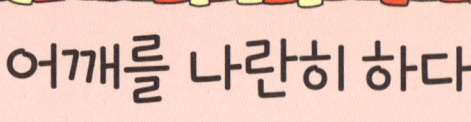

어깨를 나란히 하다 :
서로 비슷한 힘을 가지다.

얼굴을 내밀다

빨리 가자.

어딜?
나 지금 바빠.

오늘 도나 생일이잖아.

맞다. 그렇지.

얼굴을 내밀다 : 모습을 나타내다.

얼굴이 반쪽이 되다

며칠 못 본 사이에 얼굴이 반쪽이 됐네.

해미야, 그동안 무슨 일 있었어?

감기에 걸렸는데 배탈까지 나는 바람에….

> **얼굴이 반쪽이 되다 :**
> 고통을 겪어서 얼굴이 수척해지다.

엉덩이를 붙이다

끈이 엉키고 말았어.

내가 한번 풀어 볼게.

아무리 해 봐도
안 되던걸.

나한테 맡겨.

엉덩이를 붙이다 :
자리를 잡고 앉다.

엎친 데 덮치다

일주일 전에 다친 무릎이
아직 다 안 나은 거야?

그게 말이지….

넘어졌는데, 약을 사러 가다가 또 넘어진 거야.

설마 두 번이나
연속으로 넘어졌어?

응. 그런데….

엎친 데 덮치기로
약국이 문을 안 열어서
약을 못 발랐어.

정말 아팠겠다!

엎친 데 덮치다 :
어렵거나 나쁜 일이 함께 일어나다.

오금이 저리다

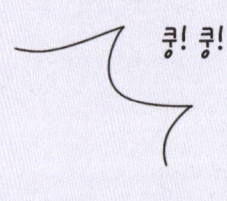

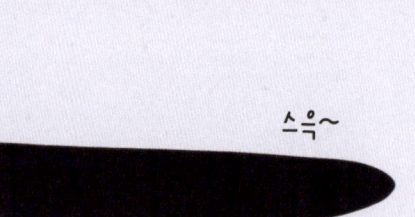

오금이 저리다 :
너무 무서워서 마음이 졸아들다.

오지랖(이) 넓다

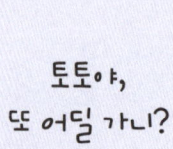

헥헥, 힘들다!

토토야, 넌 왜 항상 그렇게 바쁘게 다녀?

내가 **오지랖이 넓다** 보니 남의 일을 그냥 지나치지 못해서 그래.

참 피곤하겠다.

오지랖(이) 넓다 :
지나치게 아무 일에나 참견하다.

이를 악물다

받아쓰기 잘 봤어?

난 100점!

난 30점이야.

어쩌다가 그랬어?

입에 거미줄 치다

타미야, 잘 있었어?
다리는 좀 어때?

네가 와 줘서
참 다행이야.

아직도 꼼짝을
못하는구나.

응. 움직이질 못하니까
밖에 나가지도 못했지 뭐야.

집에 먹을 것도 다 떨어져서
입에 거미줄 치는 줄 알았어.

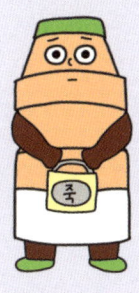

내가 좀 더 일찍
올 걸 그랬구나.

지금이라도 와 줘서
정말 고마워.

얼른 이것 먹고
기운 차리도록 해.

입에 거미줄 치다 :
먹지 못하고 오랫동안 굶다.

입에 달고 다니다

너 정말 그럴 거야?

어쩌라고, 어쩌라고.

그런 말 좀 그만하면 안 돼?

저쩌라고, 저쩌라고.

입에 달고 다니다 :
어떤 말을 습관처럼 자주 사용하다.

입에 발리다

고칠 점이 없는지
솔직히 말해 달라고 해도
입에 발린 소리만 하잖아.

정말 최고라는
뜻으로 한 말이야.

진짜 잘해서 그런 건데
코니가 내 말을 믿지 않아.

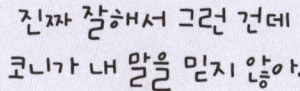

입에 발리다 :
마음에도 없이 말하다.

입을 막다

문자를 잘못 보냈네.
이를 어쩌지?

얼른 가서 도나의
입을 막아야만 해!

헐레벌떡

입을 막다 :
남이 하려는 말을 못하게 하다.

입을 맞추다

요요랑 만나기로 한
약속을 잊고 있었어.

나도 마찬가지야.

우리가 저번에도 늦어서
화가 많이 났을 것 같아.

버스가 고장 나서 늦은 것으로
우리끼리 **입을 맞추면** 어때?

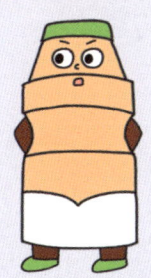

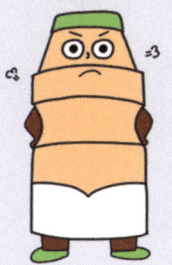

입을 맞추다 :
서로 의견이 맞도록 조정하다.

입의 혀 같다

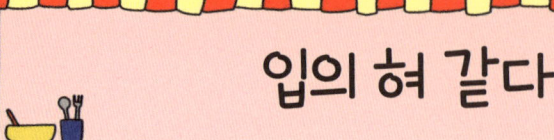

어제 걱정하던 일은 다 해결했어?

물론이지!

내가 도와주지 못했는데 혼자서 다 해낸 거야?

도나랑 같이 했어.

입의 혀 같다 :
일을 시키는 사람의 뜻대로 움직여 주다.

입이 달다

간식거리 없을까?

저녁을 두 그릇이나 먹었는데 또 먹으려고?

요즘 **입이 달아서** 자꾸 뭘 먹게 되네.

너 아무래도 살찌려나 보다.

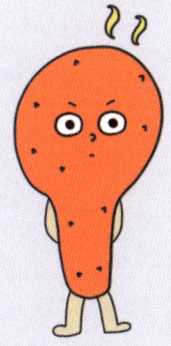

입이 달다 :
입맛이 당기어 음식이 맛있다.

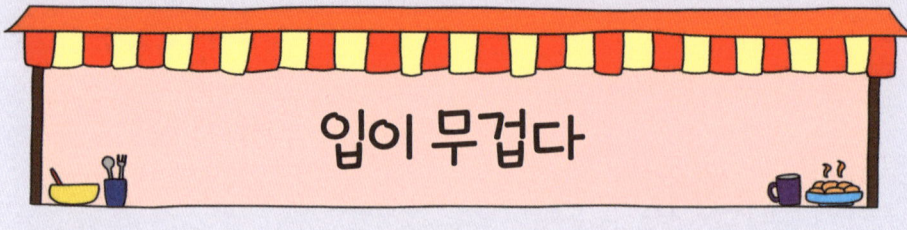

입이 무겁다

어쩌지?

무슨 걱정 있어?

골목길에서 방귀를 뀌었는데 치치가 그걸 봤지 뭐야.

뿌웅

아무도 없는 줄 알았구나?

응. 너무 창피해.

치치는 입이 무거워서
걱정 안 해도 될 거야.

정말 다행이다.

입이 무겁다 :
이야기를 함부로 옮겨 말하지 않는다.

진땀(을) 빼다

저쪽에 다들 모여 있던데 무슨 일 있었어?

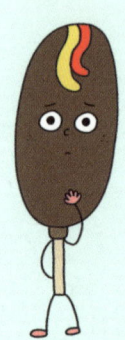

그게 말이지.

머피랑 소미가 며칠 전에 다퉜는데….

둘을 화해시키느라
진땀을 뺐어.

왜 네가 둘을
화해시켰어?

내가 말을 잘못 전달하는
바람에 이렇게 됐거든.

맙소사!

진땀(을) 빼다 :
난처한 일을 당해서 몹시 애를 쓰다.

칼자루를 쥐다

요요야, 무슨 생각해?

화분에 어떤 씨앗을
심어야 할지
소미가 결정을 못했대.

아직도 화분에 심을
씨앗을 못 고른 거야?

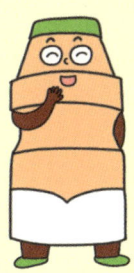

칼자루를 쥐다 :
어떤 일에 실제적인 권한을 가지다.

코가 꿰이다

아니, 이 시간까지 여기서 뭐 하는 거야?

아직 할 일이 남았거든.

부엌 정리하는 것은 원래 토토의 일이잖아?

토토에게 **코가 꿰이는** 바람에 내가 정리하기로 했어.

토토랑 무슨 일이 있었던 거야?

내가 토토 뒷담화한 것을 들켰거든.

뒷담화를 했다고? 네가 잘못했네.

응. 반성하고 있어. 앞으로는 안 그래야지.

코가 꿰이다 : 약점이 잡히다.

코가 높다

이번에 내가 만든 연극 대본이야.
읽어 볼래?

연극 대본을 직접
만들다니 대단하다!

근데 토토에게 내 연극의
주인공을 부탁하면 해 줄까?

토토는 워낙 코가 높아서
해 줄지 모르겠네.

코가 높다 : 잘난 체하고 뽐내다.

코끝이 찡하다

슬플 때나 기쁠 때나 우리와 함께해 준
치치의 생일을 진심으로 축하합니다!!!

너희들이 내 생일을 잊은 줄 알았는데
감동받아서 코끝이 찡해졌어.

코끝이 찡하다 : 몹시 감동을 받다.

코웃음(을) 치다

내가 세계 최고 간식에 선정되면 상금으로 멋진 선물을 사 줄게.

흥, 웃기지 마. 네가 정말 될 거라고 생각해?

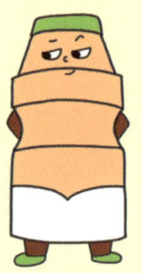

쳇!

기분 많이 나빴어?

콧대를 꺾다

나보다 잘생긴 간식 있으면 나와 보라고 해.

응….

나보다 멋진 간식은 세상에 없을 거야. 난 이만 가 볼게.

그래. 잘 가.

소미야, 안녕? 그런데
기분이 안 좋아 보이네.

코니가 오늘따라 너무
잘난 체해서 말이야.

코니가 가끔 심하게
잘난 체하긴 하지.

흥! 언젠가는 내가 코니의
콧대를 꺾어 주고 말겠어.

콧대를 꺾다 :
상대방의 자존심을 꺾어 기를 죽이다.

팔을 걷어붙이다

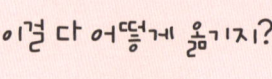

혼자서 무거운 상자를 옮기고 있는 거야?

아니, 치치가 **팔을 걷어붙이고** 도와주고 있어.

치치는 정말 좋은 친구야.

맞아. 치치가 아니었다면 혼자서는 못했을 거야.

머피, 안녕?

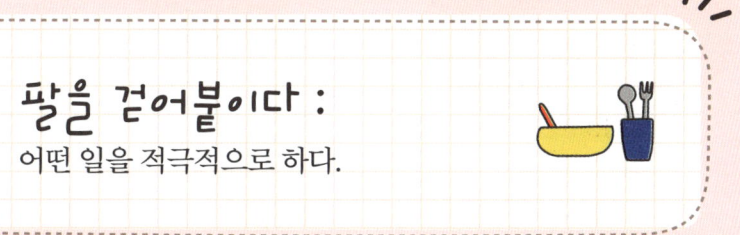

팔을 걷어붙이다 :
어떤 일을 적극적으로 하다.

하늘에 맡기다

시험은 잘 봤어?

잘 모르겠어.

열심히 했잖아.
잘될 거야.

몇 문제를 실수한 것
같아서 걱정이야.

하늘에 맡기다 : 운명에 맡기다.

하늘이 노랗다

어디 아파?

배탈이 난 것 같아.

어제 과식하더니만….

배가 너무 아파서
하늘이 노랗게 보일 정도야.

약은 먹었어?

아직 못 먹었어.

내가 얼른 가서 약 사 올게.

고마워.

하늘이 노랗다 :
몸이 좋지 않고 힘이 없다.

한숨(을) 돌리다

해미야, 왜 그렇게 힘이 빠졌어?

좀 전에 커다란 벌레 한 마리가 나타나서

으악!

뒷정리를 하고 이제야 **한숨 돌리던** 참이야.

한숨(을) 돌리다 :
고비를 넘기고 여유를 찾다.

혀를 내두르다

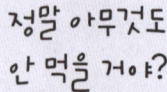
정말 아무것도
안 먹을 거야?

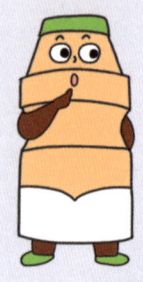

응. 한번 결심했으면
해 내야지.

3일째 과일만 먹었잖아.
배가 많이 고플 것 같아.

난 정말 괜찮아.

토토야, 다이어트는 잘돼 가?

얘 이번에 정말 열심히 하는 것 같아.

내가 맛있는 케이크를 사 왔어.

아무리 맛있는 음식을 줘도 안 먹어. **혀를 내두를** 정도야.

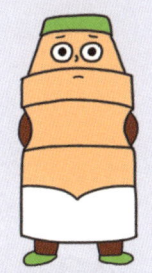

얘들아, 난 정말 괜찮아.

혀를 내두르다 :
놀라거나 어이없어서 말을 못하다.

호박씨(를) 까다

저기서 춤추는 것 코니 아니야?

설마, 코니는 수줍음이 많은 친구인걸.

아냐. 코니가 맞는 것 같아.

가까이 가 보자.

호박씨(를) 까다 :
안 그런 척 내숭을 떨다.